48
Lb 673.

48
L b 673.

QUELQUES MOTS

SUR

LES FINANCES

DE L'ÉTAT,

SUIVIS

D'UN PROJET DE TAXE

D'UN VINGTIÈME

Sur les Fortunes des CAPITALISTES, autrement dit, Fortunes en Porte-feuilles, devant produire *trois cents millions*.

RÉFLEXIONS

SUR LA NÉCESSITÉ DU RÉTABLISSEMENT

DES MAITRISES ET JURANDES,

PRODUIT CONSIDÉRABLE, *et d'une perception facile et prompte, qui rendra à la circulation une masse énorme de fonds oisifs, et divisés à l'infini en petits Capitaux, et associera tous les citoyens au maintien et à la fortune du Gouvernement.*

A PARIS,

Chez { ALEX. JOHANNEAU, Libraire, rue du Coq-Saint-Honoré, N.º 6 ;
RAYMOND, Palais-Royal, Galeries de Bois, N.º 218.

OCTOBRE 1816.

QUELQUES MOTS

SUR

LES FINANCES.

> « Je dois, en affrontant l'orage.
> « Penser, vivre et mourir en Roi. »
> FRÉD^K.....

Après un cahos révolutionnaire qui, pendant 24 ans a entretenu, et fait périr successivement une masse confuse d'autorités sans principes, ni religion ; un mélange de despotisme, de brigandage et d'ignorance, qui ont coûté la vie, la fortune et le repos à des millions de citoyens de toutes les classes, la France renaît de ses cendres.

Les familles dispersées se retrouvent et se reconnaissent. Le légitime Souverain Louis XVIII, digne et vertueux descendant de Henri IV, se fait entendre, et au premier accent de sa voix, les fidèles sujets se réunissent autour de lui ; c'est un père qui rassemble ses enfans, non pour récriminer, mais pour exprimer leurs vœux unanimes, et s'aimer.

Lorsque le Roi pardonne, qui voudrait, qui pourrait ne pas l'imiter ?

Il est cependant des crimes indignes de toute espèce de pardon, et auxquels les parjures ne peuvent échapper. Repoussés de par-tout, l'épée de Damoclès sur la tête, le flambeau de la justice les poursuivra, les atteindra, et ils seront punis sans miséricorde. Le temps est un juge inexorable qui accuse sans pitié et sans distinction, et ne pardonne à aucun coupable.

« La justice est la première des vertus morales, la
» miséricorde est celle des âmes faibles. »

La France est aujourd'hui trop éclairée pour laisser à des folliculaires, avides de places et de réputations, ou à des écrivains passionnés et incurables, la possibilité de devancer, et encore moins d'influencer par leurs stériles écrits, la volonté d'un Roi sage, et l'opinion de la masse des véritables citoyens, dont l'enthousiasme éclate de toutes parts.

Que des hommes connus par leurs talens, leur expérience et leur attachement immuable à leur légitime Souverain, travaillent avec modestie et courage aux moyens d'être utiles à leur pays; qu'ils réunissent leurs idées et leurs plans, qu'ils les discutent entre eux, et qu'ils ne parlent du mal passé, qu'en établissant et cimentant les bases nécessaires pour mettre un frein et un terme, s'il est possible, aux erreurs et aux abus.

« Ce n'est pas une révolution qui s'opère, c'est le
» contraire de la révolution. »

« Il y a autant de bassesse à insulter un pouvoir

» usurpé qui n'est plus, qu'à flatter la main qu'on
» craint, ou dont on espère. »

La France, à jamais débarrassée de ses fers et de ses bourreaux, doit vouer au mépris et à l'oubli total jusques aux noms des hommes et des choses, qui ont servi pendant vingt-quatre ans à la rendre malheureuse et à la corrompre.

Pour notre gloire et notre tranquillité, occupons-nous seulement de cet heureux avenir que nous assure l'ancienne et glorieuse dynastie des Bourbons, qui n'a été en quelque sorte suspendue, que pour nous enseigner à en sentir tout le prix, et à rendre odieux tout sentiment d'ingratitude et d'irréligion.

Rendons grâces à la Providence; les hommes et les choses sont remis à leur place; profitons de tout ce que nous avons vu et éprouvé, pour maîtriser et fixer la marche de ces événemens qui dépendent de la prudence et de la fermeté des chefs interpretes du Gouvernement, autrement dit, des ministres, chargés chacun dans leur partie respective, de veiller à ce que les intentions et les ordres du Souverain soient bien connus, et ponctuellement exécutés.

Il est bien généralement reconnu que les *finances*, en France, ont été depuis long-temps gouvernées par un système affreux d'ineptie, et de déprédation, qui marchait de pair avec le soi-disant génie de ce despote, qui prétendait (sans nécessité de calcul ou de conseil) tout soumettre à sa seule volonté; qui croyait enfin avoir le droit de tout faire, parce qu'il en avait usurpé le pouvoir, sans éprouver à la vérité aucune résistance de la part de ceux que la France égarée, ou plutôt en délire, avait institués pour défendre et conserver ses droits !

Exécrable harmonie, faisceau d'intrigues, pour vendre et bouleverser un pays.

Les ressources de l'Etat, toujours présentées et défigurées par des ministres impurs avec un charlatanisme déshonorant, appartenaient à un joueur forcené échappé des rives du Cocyte. Rien n'était solide, ni vrai ; impossible d'établir aucun calcul sur un revenu toujours éventuel, absorbé d'avance dans un dédale épouvantable de dépenses sans but, ni raison, ni proportion, ni fin.

Croirait-on que la France poussée, (nous disait-on dans ces indignes rapports) au plus haut degré possible de fortune militaire et financière « toute-puis-» sance tellement affermie, ajoutait-on, que vingt » ans de revers ne pourraient l'affaiblir ! » vivait dans un désordre tellement absolu, et croissant journellement, qu'il a fallu *forcément* l'entretenir à grands frais de discours et d'argent, pour que toute cette machine infernale n'écroulât pas depuis long-temps, avec tous ses suppôts plus ou moins pervertis et aveuglés.

Du côté militaire, tout ce qu'avaient légitimé quelques premiers succès éphémères, a été reconnu exagéré, absurde et dangereux. La valeur seule du soldat

Français n'est pas restée équivoque, et ne sera jamais oubliée, ni contestée.

Du côté financier, il a fallu, en quelque sorte, vivre au jour le jour; *emprunter* militairement de toutes les classes de citoyens, les vexer, les ruiner, pour entretenir les dépenses extravagantes d'un Gouvernement immoral et dilapidateur, qui avait l'audace (le chef à la tête) de parler continuellement à la nation de ses ressources inépuisables, de ses grands trésors particuliers, et enfin de l'état prospère des finances, envié par toutes les autres puissances au désespoir! Et *voilà comme on écrit l'histoire!*

Infâme rejeton de la révolution, émule de Saturne, « il régna pour détruire; » il vécut! il vit encore! A tous les faux sermens que tu as proférés en projets et assurances de conquêtes, ajoute tes nombreux parjures et blasphêmes. Misérable aventurier, soi-disant génie sorti des enfers, qui n'osa jamais expliquer, même avec le secours de ses ministres, tyrans subalternes d'un tyran absolu, comment, et toujours un instant après avoir déclaré et juré, le sceptre en main, de ne pas établir de nouveaux impôts, on voyait paraître des *décrets d'urgence*, des sénatus-consultes, en si grand nombre, que les finances de l'Etat et les fortunes des particuliers de toutes les classes sont demeurées, après toi, dans un embarras inextricable. (*)

(*) Caligula perdait au jeu, sortit, fit assassiner trois

Le système de ces experts en finances, joueurs à la martingale, etc. était de doubler les impôts pour doubler, disaient-ils, les revenus, et pouvoir doubler les dépenses ; quelle absurdité ! Le dernier surnuméraire en finances connaissait et appréciait cet axiome ancien : qu'en fait de contributions et de revenus en impôts, 2 et 2 ne font pas 4 : mais qui eût osé élever la voix !

« C'est souvent un très-grand tort, que d'avoir
» trop raison. »

On recueille toujours dans la proportion de la semence bien calculée, sauf en toutes choses les événemens de force majeure ; comme, pour bien guérir, il faut étudier le mal et le malade, désirer la guérison et ne pas craindre l'avenir. Tel homme que l'on guérirait en huit jours avec méthode, loin de le guérir en quatre jours par le double des mêmes bons moyens ou remèdes, *périrait au troisième.*

Ces derniers ministres, et complices en tripôt financier subversif de tout calcul raisonnable, voulaient persuader journellement (sans autoriser la réplique), qu'ils guérissaient les plaies de l'Etat, lorsqu'ils ne faisaient que retarder les effets du mal ; aussi n'ont-ils pu nous préserver de la gangrène, ni cacher leur turpitude. Ils ont en outre détaché des intérêts de l'Etat, et de la France, un grand nombre

---

riches sénateurs, les vola, et en rentrant s'écria : « J'ai de quoi jouer ! »

de riches particuliers devenus Capitalistes, ou propriétaires, faisant valoir leurs porte-feuilles pour se soustraire aux taxes arbitraires, et aux vexations de toutes espèces et couleurs.

« Qui craint trop les privations, n'est pas digne
» de l'opulence. »

Les temps sont changés ! Ces mêmes capitalistes s'intéresseront à l'Etat et à la France, et au véritable commerce qui réclame la préférence de leurs fonds. Ils se feront connaître au Souverain et au pays qui leur assurent paix, bonheur et toute sécurité. Si d'un côté *la justice* veut que le Roi aille toujours au-devant du pauvre pour le secourir, elle entend aussi que le riche, à son tour, se fasse connaître au Roi, et se montre bon citoyen dans un pays qui maintient et consolide sa fortune.

En finances, il faut des administrateurs *studieux, probes, expérimentés* et indépendans ; des hommes enfin qui aient fait leurs preuves, et que l'on saura, aujourd'hui que la faveur seule ne suffit pas, trouver et signaler, et desquels en un mot on ne puisse pas dire, comme de certain ministre :

« Qu'on ne connaissait de lui que sa signature. »

Evitez, craignez ces économistes, semblables aux girouettes qui ne se fixent que lorsqu'elles sont rouillées ; ces infatigables gens à projets et à expédiens, ces calculateurs factices en produits *de chiffres* sur papier, ces flatteurs sans talens, ces imposteurs déhontés et stipendiés ; ces imitateurs de l'étranger, ces prôneurs de découvertes utiles et procédés économiques et simples.

Nos pères vécurent beaucoup plus aisément et solidement que nous ; ils redoutaient les charlatans et les demi-savans. Imitons-les donc, caressons moins les illusions, et ne cherchons pas à nous créer sans cesse de nouveaux besoins et de nouvelles habitudes, source cruelle de chagrins et de difficultés sans nombre.

Aujourd'hui la France, punie de l'oubli de ses devoirs, courbe momentanément sous le poids de ses engagemens forcés, et des pertes que l'Etat et les particuliers ont éprouvées. C'est une tâche difficile et laborieuse, que de réparer le mal fait, et de tout concilier, *hommes et choses* !

A Louis XVIII il appartient de l'entreprendre, et de réussir. Ce généreux Monarque *veut* que la dette entière contractée, soit liquidée, sans autre examen que le titre aux mains du réclamant, titre dont le déboursé n'a peut-être pas coûté moitié de son importance à l'acheteur primitif. Pour atteindre ce grand but, il faudra bien, sans doute, maintenir encore quelque temps les contributions existantes, ou arriver au même résultat par d'autres voies, et sous d'autres dénominations.

L'amortissement de ces engagemens arriérés et des nouveaux (dont les Bourbons sont en vérité bien innocens), me paraît infaillible dans l'espace de quelques années), sans craindre de secousse, si nous continuons à faire preuve de confiance et de résignation. La parole du Roi est sacrée, la bonne foi de ses ministres est incontestable. Ces engagemens, ou dettes, n'ont aucun rapport avec la dette dite publique ou tiers consolidé, gage sacré du crédit national et de la fortune de tous les particuliers. C'est une dette calculée, utile, et même nécessaire pour la France, elle est extrêmement modérée, en considérant les ressources immenses de l'Etat et du pays.

« Il y a souvent du danger à ne pas faire usage de
» son crédit. C'est un habit de gala, qui doit toujours
» être prêt au besoin. »

D'ici à long-temps *l'Etat aura besoin d'une grande économie*, pour assurer le bonheur de la France et faire respecter tous ses engagemens. Pour y parvenir, il n'ensevelira pas ses sujets et ses revenus, appelés par certains ministres de Bp. « le luxe de la popu-
» lation, et les excédens des recettes, ou le trop plein
» du trésor public » dans des guerres impies, dites *de politique,* à six ou sept cents lieues de la Capitale, au nord et au midi, et au-delà des mers pour sacrifier à Mahomet, dans des projets continuels de détrônement, d'envahissement, de descentes, conspirations et machinations ténébreuses.

Il ne songera pas, sur-tout en temps de guerre, à construire des villes entières, des palais inutiles à la ville et à la campagne, et jusques dans les nues (au Mont-Cénis), des monumens de toute espèce, et même en or, dont les emblêmes et inscriptions puissent être offensans pour les autres nations :

« Monumens enfin, qui attestent moins la richesse
» du pays et le génie d'un peuple ami des arts,
» que la servitude d'une nation tourmentée par le
» caprice de ses maîtres. »

Des canaux, dont l'entretien ruineux prouve la folie, l'inutilité, et le danger.

Il dédaignera une police générale intérieure et extérieure, portée dans toutes les parties du monde, et subdivisée en douze ou quinze administrations différentes, corrompues et corruptrices.

Il se gardera bien de salarier outre mesure des comédiens, des danseurs et des maîtresses ;

De combler de richesses de vils et obscurs favoris, ou des espions, au détriment de milliers de braves *défenseurs* et *serviteurs* de la patrie qui réclament des secours.

Ces seules folies que je viens de citer, et que nous ne reverrons plus, ont dû naturellement ruiner l'Etat, et conduire à la démoralisation. Sous un règne légitime, on calcule différemment les finances. Le sang-froid et l'intégrité président aux délibérations ; les revenus et les chances sont mûrement discutés avant de déterminer les dépenses ; puis en amortissant progressivement les dettes arriérées, et en évitant d'en contracter de nouvelles, la France, en peu d'années de paix, retrouvera le point de fortune le plus brillant et le plus positif. Le propriétaire, le rentier, le négociant, le manufacturier, *la France entière*, béniront Louis XVIII. (*)

L'Etat est un riche propriétaire, père d'une nombreuse famille, à laquelle il doit un partage égal de tendresse et de protection. Cet Etat enfin pourra connaître, apprécier et assurer ses revenus, en se livrant à de bons et sages fermiers, et en dégageant la perception de tous les impôts, de ces frais exorbitans, et de ces formes acerbes, qui ont fait le malheur de la France depuis 24 ans.

Puisse le Ministre des finances réclamer et comparer *différens projets* sur les moyens d'assujettir aux contributions ordinaires la fortune des *capitalistes*; qu'il les analyse et les pèse dans sa sagesse; et de

---

(*) Sans *le talent rare* de ne pas faire de dettes, avec le pouvoir d'en faire, le bonheur de n'en pas avoir est uniquement l'effet du hasard ou du moment; l'Angleterre paierait cher ce talent, dût-elle même seulement l'emprunter, pour goûter un peu de ce bonheur précité, dont l'absence totale lui fait baisser pavillon sans déguisement, mais non sans crainte, ni danger.

l'exécution du meilleur moyen à adopter dépendra le bonheur de la France.

« Il est des circonstances où, pour frapper juste, il faut frapper fort. »

« Sans énergie, il n'y a pas de vraie grandeur. »

PROJET DE TAXE

D'UN 20.me

Sur les Fortunes des CAPITALISTES, *autrement dit,*
Fortunes en Porte-feuilles,

PAR VOIE DE DÉCLARATIONS.

CAPITALISTE. — Expression usitée depuis la révolution, pour désigner particulièrement les propriétaires d'argent, effets, mobiliers, bijoux, obligations, reconnaissances, contrats, valeurs et billets quelconques, susceptibles d'être réalisés ou échangés à tout instant, sans frais ni garantie, et sans bruit.

Le capitaliste est donc un véritable cosmopolite, dont la fortune non mobilisée est toute entière en porte-feuille, changeant journellement de nature et de solidité, et non sujette à aucune taxe, impôt ou réquisition, puisqu'elle ne figure sur aucun état de contribution, ou matricule de rôle. Il en est parmi eux qui forment cette classe immonde d'hommes appelés *agioteurs*, ou grands faiseurs, le rebut de la finance, le fléau des honnêtes gens et du crédit national.

L'opinion publique ne peut avoir de *base assurée*

pour estimer ces fortunes si aisées à dissimuler ;
cependant, dans toutes les villes, on tombe assez
d'accord sur la fortune présumée de tel ou tel autre
capitaliste. Il ne faut pas d'ailleurs supposer qu'ils
soient *tous* des imposteurs et de mauvais citoyens.
« A Rome, on n'en comptait que deux !.... Ils vécu-
» rent méprisés, et moururent dans la misère. »

Le banquier ou négociant, le propriétaire de terres ou maisons, le rentier ou pensionnaire de l'Etat,
peuvent aussi être désignés comme *capitalistes* pour
une partie de leur fortune ; mais ils sont dans une
cathégorie bien différente de ce capitaliste connu ou
obscur, qui ne présente, à dessein, aucune propriété
au soleil, et ne participe jamais aux charges com-
munes du pays.

Enfin, le capitaliste est un homme plus ou moins
riche (parvenu), dont le principe et la direction de
la fortune ne peuvent être appréciés avec justesse, ni
par le Gouvernement, ni par ceux mêmes avec les-
quels il traite des affaires. Ici gît sans doute le grand
point de difficulté à vaincre, pour arriver, sans
moyens arbitraires, ni vexatoires, au but proposé.
J'espère en approcher. D'autres plus habiles ou plus
heureux feront mieux ; c'est tout ce que je désire.

« Il y a de la témérité à tout nier, et de la simpli-
» cité à tout croire. »

Le capitaliste, plus ou moins *intelligent, entre-
prenant* ou *scrupuleux*, accroît progressivement sa

fortune par des marchés à forfait, et des escomptes à gros intérêts dissimulés. La disponibilité journalière de ses capitaux ou écus, amène à toute heure vers lui (le plus souvent par intermédiaires *intéressés bienveillans*), le nécessiteux, ou riche gêné, obligé de céder tacitement et précipitamment à la cupidité du prêteur sans pudeur ; ce capitaliste n'est quelquefois que le prête-nom d'un homme à peine sorti de banqueroute, avec les moyens combinés de jouer le rôle d'un capitaliste derrière le *rideau ! !*

La misère publique, les instans de gêne pour les commerçans, sont donc pour les *capitalistes* les époques et circonstances les plus heureuses pour tirer le plus grand avantage de leurs fonds; placemens souvent très-inquiétans, lorsqu'ils nécessitent ultérieurement explication devant les tribunaux.

Il en est, je crois, de ces capitalistes, honteux et parfois alarmistes, qu'on pourroit appeler *d'honnêtes recéleurs ou prêteurs sur gages*. Ce métier abject suppose évidemment une fortune révolutionnaire et un caractère égoïste. Le capitaliste ne possède rien ostensiblement que les contributions ordinaires ou extraordinaires puissent atteindre, à moins que par suite de ses affaires et prêts, il ne devienne (et encore pour peu de temps) acquéreur d'immeubles à bas prix, par voie d'expropriation ou par suite de ventes à *reméré*.

Pygmées insensés ! soyez donc attachés au Gouvernement seulement dans votre intérêt, si vous pouvez résister à partager les sentimens de gratitude et d'admiration que la France entière porte à son auguste Souverain, dont la clémence paraît être infatigable.

Le capitaliste caché et avare est un double fléau pour le pays qui le supporte, puisqu'il enlève à la circulation même une fortune effective, dont il n'est en quelque sorte que le détenteur favorisé par le hasard et les chances de la misère publique. Il faudrait qu'on demandât à de tels êtres, à leur dernière heure :

« La patrie t'interroge ; qu'as-tu fait pour ton pays ? »

On peut dire figurément que l'or et l'argent dans un pays appartiennent au pays même, qui en taxe la valeur pour la circulation voulue, et l'existence commune. (*)

―――――

(*) Cette figure, ou plutôt ce fait est fondé en principes de droit et de justice. Il se rattache *exclusivement* autant au système de nécessité, qu'au besoin et à l'effet de la civilisation, qui, pour le bien général, ont établi et reconnu *valeur et propriété nationales* les matières or et argent en circulation. Pour preuve journalière et incontestable de ce raisonnement, je maintiens, par exemple, que la destruction accidentelle ou projetée d'un *représentatif* quelconque de cette susdite richesse, la seule matérielle, est un très-petit malheur, comparativement à celui de la destruction réelle de l'*objet représenté* ; puisque, dans le premier cas, le préjudice est uniquement pour le propriétaire de ce représentatif ; tandis que, dans le second cas, l'Etat et la masse des particuliers ont tous également à souffrir de l'événement.

Le

Le riche capitaliste est le dispensateur libre ; mais peut-il être (au détriment des autres habitans) un propriétaire jouissant tranquillement de tout, sans contribuer à aucune charge ou besoin du pays ? Il n'est pas prouvé politiquement, ni aux yeux de la raison et de l'expérience, qu'il soit permis, par exemple, à un citoyen qui aurait des *millions en or* de les jeter à la mer, et même de les enfouir. Ceci est une figure exagérée qui n'est pourtant pas sans exemple. D'un côté, sans doute, l'idée ne vient à personne de se ruiner à dessein, ou de se priver de tout au présent, par crainte sur l'avenir ; et de l'autre, le Gouvernement reconnaît et protège par-tout le *droit sacré* du propriétaire. Quoi qu'il en soit, tout ce qui est subversif de l'ordre social et du bien public, soit prévu ou non, exige répression. Il est toujours temps et à propos de créer des lois nouvelles pour le bien général.

S'il y a disette de grains, le Gouvernement souffrira-t-il qu'un riche en démence, ou un vampire, emploie sa fortune à augmenter cette disette par des accaparemens qui peuvent compromettre la tranquillité publique, produire une catastrophe, et quelquefois favoriser les ennemis ! Souffrira-t-il que le propriétaire d'une terre considérable y mette le feu au moment de la récolte, et par cet acte de frénésie, ou peut-être de calcul infernal, affame et réduise au désespoir les consommateurs ses voisins ? D'où il faut conclure, que si ce propriétaire a le pouvoir matériel et intempestif de faire le mal, il doit être aussitôt traité comme un fou et un perturbateur de l'ordre social. (*)

L'or et l'argent doivent être assimilés, sous quelques rapports, aux *denrées*. L'objet de première nécessité pour tous doit être sous la surveillance immédiate du Gouvernement, dans l'intérêt général. Ce raisonnement est, je crois, sans réplique.

L'exportation des lingots et monnaies est *prohibée*, *obligée* ou *limitée*, suivant les circonstances ; et lorsque l'*importation* en est momentanément entravée, ou paralysée par l'effet d'autres, ou des mêmes circonstances malheureuses, le Gouvernement n'est-il pas, *plus que jamais*, en droit de surveiller et d'exciter la circulation ? L'or s'use et se consomme comme tous les objets qu'il représente et qu'il procure. Nos besoins annuels, en matière d'or et d'argent,

―――――――――

(*) Rendons grâces et honneurs aux anciens usages qui semblent avoir partout force de loi. Il est généralement et heureusement reconnu que le propriétaire n'a pas le droit de couper son blé en herbe, et qu'il n'oserait même pas se permettre, après la récolte, de mettre le feu au *chaume*, qui doit servir à couvrir les habitations des malheureux, et à chauffer leurs fours en hiver. Ce même propriétaire doit accueillir et protéger les glaneurs. La vendange et la chasse ont leurs époques et réglemens ; enfin tout ce qui tient à l'existence commune soumet naturellement à des obligations le protégé de la fortune, ou le propriétaire.

sont connus, et varient peu en temps ordinaires; ils doivent être proportionnellement plus grands que par-tout ailleurs, puisqu'il n'y a en France aucun signe représentatif ou papier-monnaie. On n'a pas encore oublié le dernier essai, ou la cruelle leçon donnée par les assignats et les mandats d'exécrable mémoire ! et antérieurement par le système de Law, et ses billets. Enfin, 40 millions d'importation en matières suffisent à peine annuellement pour la France. La fraude et les effets de l'avarice et de la crainte|, comme les ornemens et dorures de toute espèce, contribuent beaucoup à ces besoins toujours renaissans.

Le capitaliste seul, dont toute la fortune est en porte-feuille, peut, en réalisant et cachant son or, priver à tout instant la circulation d'autant; tandis que le propriétaire de terres ou maisons, le rentier et le commerçant, non seulement ne peuvent imiter d'aussi hideux calculs, et sur-tout spontanément, mais sont au contraire toujours intéressés à une utile circulation, dans la conviction toute naturelle que la solidité des fortunes particulières dépend de la solidité du Gouvernement.

Le capitaliste, il est vrai, contribue parfois aux impôts indirects, en ce sens, que le mouvement de ses écus et de ses opérations de prêts, etc. donne lieu à une multiplicité d'actes et de contrats comportant timbre, enregistrement, etc. ; mais il n'est encore que contribuable *très-indirect*, l'emprunteur étant toujours passible des frais.

Tous les jours, on voit le propriétaire d'une terre *d'un million*, rendant à peine 30 mille francs de rente (impositions déduites), grever forcément son bien d'hypothèques *du tiers* de sa valeur, en faveur d'un prêteur, auquel il paie en intérêts et frais le revenu entier de la terre. Supposez donc que ce propriétaire ait besoin d'emprunter *la moitié ou les deux tiers* de la valeur réelle de la terre ; c'est alors un homme ruiné, soumis à la cupidité du capitaliste, qui lui coûte au-delà du revenu de la terre, qui finit par devenir à vil prix, et en peu de temps, la proie du prêteur.

L'immensité des fortunes en porte-feuille est une chose incroyable, et peut-être dois-je dire effrayante, si je ne puis arriver à *toucher le cœur ou la bourse des capitalistes*. Il n'existe pas en France, à *beaucoup près*, assez d'or et d'argent, pour convertir ces fortunes, pour ainsi dire mobilisées constamment en effets de porte-feuille, et ainsi renouvelées aux échéances successives, *sans réalisation effective, dont nous préserve la providence,* car dans le cas d'une tentative semblable, une masse de capitalistes pourrait, en un instant, affamer le pays, ou opérer sans cesse des révolutions.

D'où je conclus, qu'il faut toujours politiquement et civilement se méfier des sentimens équivoques, et sur-tout du patriotisme des *capitalistes*, qui appellent stériles et chétifs ces moyens ordinaires et connus de fortune, commandés par le besoin et approuvés par l'honneur, et qui enfin par de vils et faux calculs de vanité, de cupidité masquée et d'ingratitude, se montrent alternativement prodigues ou avares, et je dirai plus, *suspects au Gouvernement* qui n'a rien à espérer d'eux.

En vérité, sans autre motif que l'intérêt général et l'amour de la justice, n'est-il pas naturel de désirer que cette masse informe, et toujours croissante de capitalistes, puisse être amenée, au moins dans les momens d'urgence, à contribuer dans une proportion égale aux propriétaires connus, à toutes les charges et impositions du Gouvernement. Cette grande ressource fournirait subitement à l'Etat les moyens de pourvoir à tout, et de réduire les contributions directes, qui deviendront insensibles, lorsqu'elles seront réparties sur la généralité des citoyens dans une proportion égale aux fortunes, quelles qu'en soient la nature et la dénomination.

Il n'est pas exagéré d'avancer que le 20.me et peut-être le 10.me des propriétés, terres, maisons, établissemens d'exploitations quelconques, manufactures, etc. sur-tout après 24 années de guerre et de gêne commerciale, appartient à des capitalistes prêteurs sur hypothèques.

S'assurer par approximation du montant des *capitaux en porte-feuille*, inattaqués jusqu'ici par aucune de ces contributions qui pèsent sur toutes les autres fortunes ou produits d'industrie, serait une chose *fort utile, plus aisée* qu'elle ne paraît au premier coup-d'œil, et dont la base une fois établie offrirait à l'Etat une ressource importante et certaine, sans variation sensible d'une année à l'autre, et d'une perception facile et prompte.

Le mode des déclarations volontaires, tel qu'il est mis en usage dans plusieurs autres grands pays, ne laisse pas à la dissimulation une chance bien favorable, et sans moyens péremptoires de répression, le Gouvernement se faisant aider et protéger, pour ainsi dire, dans ce travail par tous les véritables citoyens, contribuables nés et ostensibles, qui demandent à grands cris une égale et juste répartition dans les impôts.

On est bien loin de devoir rougir de ce que l'on possède (fussent des millions), lorsque l'honneur, la probité, l'intelligence et l'économie ont présidé au principe et au maintien de la fortune. C'est un bel orgueil que de bien jouir, et de faire connaître une opulence honorable. « On ne se cache en général » que pour faire le mal, ou après l'avoir fait. »

Le Gouvernement doit donc dans ces deux dernières hypothèses, et d'après les réflexions qui précèdent, employer sous le rapport du bien général, et celui de la sûreté de l'Etat, tous les moyens possibles pour bien connaître la moralité et les principes de tous les citoyens *riches ou pauvres*.

Il est évident que *l'imposition somptuaire*, dont on avait fait l'essai, n'a pas plus atteint la classe générale des capitalistes, que *l'imposition foncière et mobilière* ne peut aujourd'hui les attaquer. *L'imposition personnelle*, quelque insignifiante qu'elle soit, est la seule à laquelle ils ne puissent échapper, et encore à leur grand regret, quoiqu'elle ne les frappe jamais dans une juste proportion.

Le mode légal des déclarations, soumises à l'examen de comités, peut seule atteindre sans vexation les *capitalistes*, dont les risibles murmures (de quelques-uns peut être) seront bientôt étouffés par la masse des citoyens contribuables.

Quelques personnes prétendent qu'il en est des *fortunes* comme des *réputations* ; que l'opinion publique les met toujours beaucoup au-dessus ou au-dessous de la réalité. Cela peut être en fait de *fortune*; quoi qu'il en soit, la vanité, l'avarice, ou des raisons particulières, peuvent porter à faire des déclarations également fausses et exagérées alternativement, en *plus* comme en *moins*, tandis qu'en fait de *réputation*, l'orgueil ou le besoin l'emporte toujours sur la modestie et nous cache la vérité. Relativement aux *déclarations volontaires*, la vanité et la franchise atteignent par un motif différent le même but, conduisent au résultat désiré, et compensent les irrégularités de quelques-unes.

CONTRIBUTION,

Par voie de Déclarations, de la part des Capitalistes.

Le Gouvernement d'un pays fertile sous tous les les rapports doit être riche par ses revenus et ses économies, dans l'intérêt du pays même qui contribue journellement à assurer, et maintenir cette richesse utile.

L'argent est le grand soutien et le protecteur des nations comme des familles, et de tous les établissemens particuliers. Il prépare et fixe les suffrages, assure le crédit, la tranquillité et l'indépendance. C'est la récompense des efforts guidés par le courage, la raison et la patience. Quant au *superflu*, s'il est véritablement nécessaire ou plutôt désirable, et sans danger, c'est lorsque le *nécessaire* est abondant par suite d'une répartition aussi légale qu'elle peut l'être.

« La loi est pour tous, et la faveur pour quelques-
» uns. »

Aujourd'hui nous disons mieux :

« La loi est pour tous, et la faveur accordée au
» mérite. »

Les propriétaires connus et les commerçans, ces véritables citoyens, viennent en quelque sorte en tous temps, et en tous lieux, offrir à l'Etat une portion de leur revenu ou de leur industrie, en échange de la protection qu'ils obtiennent de ce Gouvernement paternel qui veille, sans distinction, à la tranquillité de tous et au respect dû aux propriétés.

Il est une autre et seule classe très-nombreuse de la société, dont l'immense fortune d'un grand nombre est un problème, qui ne contribue sous aucun rapport, soit par calcul *d'égoïsme*, de *rapine*, de *crainte* ou de *dissimulation*, à la moindre imposition attribuée naturellement à l'avoir de tous les citoyens.

Ce sont LES CAPITALISTES, sans état avoué, propriétaires de porte-feuilles, contenant le quart et plus des fortunes de *toute la France*, non assujettis jusqu'ici à aucune contribution, et retirant annuellement de leurs capitaux 2, 3, 4 et 5 fois plus d'intérêt, que ne prétend et obtient le véritable citoyen propriétaire de terres et maisons, soumis en outre à une infinité d'accidens dont il ne peut se préserver.

Le capitaliste est donc en tout état de choses l'homme le plus riche, ou du moins celui qui doit être le moins sensible à une contribution aujourd'hui commandée par l'urgence.

En général, les villes dans lesquelles règne le plus grand luxe, sont celles où les capitalistes paraissent en plus grand nombre. Voyez Paris ! D'où il faut conclure que si le luxe, comme le disent quelques personnes, est un bien sous certains rapports, il tourne, sous beaucoup d'autres, à la démoralisation et à la ruine de la majorité.

« Ce sont les hommes qui assemblent les nuages,
» et ils se plaignent ensuite des tempêtes. »

In omnibus rebus respice finem.

TAXE D'UN VINGTIÈME (*)

Sur les Fortunes dites de porte-feuille aux mains des Capitalistes,

Par voies de Déclarations signées et soumises à l'examen des Comités chargés dans chaque ville d'apprécier, admettre ou rejeter ces déclarations.

Sont réputés CAPITALISTES devant faire déclarations.

Les possesseurs de matières or et argent, diamans, perles, bijoux, etc. marchandises de toute espèce.

Les propriétaires de capitaux quelconques placés à intérêt, en France ou à l'étranger, chez des banquiers, notaires ou tous autres, ou de valeurs exigibles en porte-feuille, soit effets, billets de commerce, obligations, rescriptions, contrats, reconnais-

---

(*) Cette taxe d'un 20.me ou 5 pour 100 ne doit être considérée, relativement aux Capitalistes, que comme une réduction sur l'intérêt auquel ils sont habitués ; et le plus grand malheur de cette taxe pour ces nouveaux contribuables, sera d'avoir en résultat retiré de leurs fonds pendant l'année *un ou deux pour cent de plus* que les propriétaires les mieux partagés.

sances de prêts de confiance, comme sur hypothèque, ou nantissement :

— De fonds placés en commandite dans toute espèce d'établissemens, entreprises ou manufactures :

— D'objets d'arts et sciences, de luxe ou de fantaisie, appartenant à la spéculation. Dans le cas contraire, cet article sera traité avec ménagement.

Les titulaires d'inscriptions de rentes sur le grand livre, actions de la banque de France, et tous effets liquides du Gouvernement, susceptibles de négociation :

— De places et pensions au-dessus de six mille francs salariés par l'Etat en France et à l'étranger.

Les munitionnaires généraux, fournisseurs, etc., du Gouvernement, sont compris dans la classe ordinaire des propriétaires de capitaux, dits *flottans*.

Ne seront pas regardés comme *capitalistes* devant contribuer, mais également soumis à la déclaration, les *propriétaires* désignés comme *capitalistes*, dont l'aveu de fortune non mobilisée ne *dépassera* pas vingt mille francs en porte-feuille, ou en reconnaissances de placemens quelconques.

A défaut du véritable propriétaire, *dit capitaliste,* tout tiers détenteur à titre gratuit ou onéreux, ou tout prêteur sur valeurs appartenantes à des tiers, sera tenu de faire et signer une déclaration pour compte du contribuable en retard.

Dans chaque ville, les comités examinateurs et

appréciateurs seront composés d'un certain nombre de membres, suivant la population.

Ces membres seront soumis à un serment.

Il y aura dans chaque chef-lieu de département un second comité de révision pour décider en dernier ressort.

Ce comité de révision sera présidé par un commissaire du Gouvernement.

Les membres des comités seront choisis indistinctement dans toutes les classes des citoyens par les préfets et sous-préfets.

Ils devront être propriétaires d'un revenu fixe, ou d'un casuel reconnu du triple de ce revenu.

La fixation de ce revenu sera calculée et déterminée par les préfets, suivant les populations et localités.

Le choix de tous ces membres sera soumis à l'approbation du Gouvernement.

Les décisions des comités, pour l'admission et validité *des déclarations*, seront à la majorité absolue des voix.

Chaque déclarant sera informé officiellement de l'admission ou rejet de sa déclaration.

Dans ce dernier cas, le déclarant sera invité par écrit à établir et redresser sa déclaration.

Toute déclaration signée et affirmée devra être appuyée du témoignage écrit de deux contribuables, et la signature de ces derniers devra être remplacée par d'autres, si leurs propres déclarations venaient à être rejetées.

Le paiement de cette contribution d'un $20.^{me}$ sera effectué en obligations à 3 et 6 mois, avec faculté d'escompter à raison de 5 pour 100 l'an.

Il n'est pas exagéré de supposer que Paris seul présente aux mains des capitalistes en *fortunes* dites de porte-feuille, ou en fonds placés à gros intérêts, et n'ayant jamais été soumis à aucune espèce de contribution depuis vingt-quatre ans, environ *un milliard*, dont le $20.^{me}$ est *cinquante millions*, qui présentent à peine aux capitalistes *six mois* d'intérêts de leurs fonds.

Il faut ensuite, sur les mêmes bases et principes, aller chercher les *capitalistes*, sur-tout dans les autres grandes villes, car dans les petites villes et campagnes, ces cosmopolites affamés de gros intérêts (*per fas et nefas*) ne trouveraient pas à employer leurs capitaux et leur industrie usuraire.

« Non contens de *marcher*, ils veulent toujours
« *courir* à la fortune. »

En supposant donc que Paris, à lui seul, produisît le $6.^o$ environ de toute la France, on doit espérer retirer de cette contribution, et sans difficultés ni frais, environ *trois cents millions*, dans l'espace de trois à six mois. Réduisez cette évaluation *à moitié*, par l'effet de certaines déclarations inexactes et déloyales, ou autres causes, et certes il est impossible que l'Etat ne retire pas au moins *cent cinquante millions* de cette contribution nouvelle, *désirée par tous les véritables Français.*

Peut-être quelques fâcheux égoïstes appelleront-ils cet acte de justice et de nécessité un *emprunt* ou un *don* forcé, peu importe ; laissons aux propriétaires contribuables constans le soin de défendre et de faire valoir les motifs et les droits de l'Etat et du pays, et d'étouffer ces risibles clameurs.

Si les capitalistes sont effrayés de cette taxe du 20.me (et plus encore sans doute de celle du 10.me), qu'ils fassent donc valoir plus honorablement leur personne et leur fortune. Il est temps qu'ils cessent de propager ce scandaleux mode de s'enrichir aux dépens des malheureux. Qu'ils emploient leurs fonds ostensiblement, dans des établissemens et entreprises utiles ; qu'ils deviennent propriétaires, titulaires en nom, dans les fonds publics ou à la Banque de France, ou acquéreurs de terres ou maisons, plutôt que d'exister dans un dédale obscur d'affaires illicites et clandestines.

« Il est toujours temps de se repentir, comme de
» pardonner. » (*)

(*) On m'accusera peut-être d'avoir jetté le gant sans me nommer : c'est que j'ai craint d'avoir affaire à trop de gens que les vérités offensent, et que je ne veux pas connaître. D'un autre côté, est-on obligé d'être brave quand on sent sa faiblesse ; car je n'ai pas la prétention

Ce seroit *une erreur de croire* qu'une légère et première contribution, mise sur les propriétés dites de porte-feuille, fût un motif suffisant pour un capitaliste quelconque, soit garçon ou père de famille, d'abandonner son pays, et de transporter sa fortune *à l'étranger qui lui reprocherait sa folie.* Où irait-il pour trouver plus d'indépendance, de sûreté, de jouissances et un aussi beau climat? On ne change pas aisément ses habitudes et ses goûts. L'homme riche ne sacrifie pas son bonheur pour ne pas *payer une petite dette*, et il y a bien loin d'une contrariété momentanée, si ce dernier point en est une, à une vexation dont le Gouvernement français est incapable.

Cette crainte est donc chimérique; et si quelques capitalistes, soi-disant malins, en faisaient circuler le bruit ridicule, ils n'en seront que plus baffoués. Peut-être aussi ajouteront-ils, en reportant constamment tout à eux seuls : notre fortune une fois connue, on pourra accidentellement nous imposer encore. Mais, leur dirait-on, en supposant que cela fût, et que vos déclarations fussent exactes, ou que la vérité vous fût *échappée par distraction*, quel grand malheur serait donc le vôtre, de contribuer, dans une proportion toujours inférieure à vos facultés, à soulager un peu les propriétaires de terres et maisons, qui depuis si

---

de me croire un écrivain. J'ai voulu seulement mettre au jour quelques réflexions que je crois utiles à mon pays et à l'Etat.

long-temps paient pour *vous* et pour *eux* sans murmurer !

Tel qui aujourd'hui rougirait de passer pour un capitaliste égoïste et sans pudeur, pouvait pendant les vingt dernières années se croire excusable sous quelques rapports.

Je serais bien étonné si, dans cette circonstance, les capitalistes de Paris, ville du royaume la plus favorisée sous tous les rapports, ne donnaient pas (je dirai plus, dans leur intérêt même) un exemple éclatant et utile de patriotisme ; dans le cas contraire, il y aurait en vérité de leur part trop d'injustice et d'ingratitude, et je leur ferais observer :

« Que c'est quelquefois un mauvais calcul, que de trop calculer ».

Le luxe, tant apprécié dans toutes les grandes villes du Royaume, n'est souvent que le résultat d'un calcul frauduleux, ou d'un excès de vanité et d'intrigues.

L'honnête marchand est toujours la première dupe de ces extravagans de mauvaise foi, qui malheureusement fourmillent à Paris, où la science de chevaliers d'industrie a atteint un certain degré de perfection !

Puis-je dire sans trop de méchanceté ? Oui ! « Qui n'avance pas recule ». A Paris, il suffit souvent de paraître riche, pour le devenir. C'est l'histoire de ces *belles enseignes*, qui facilitent dans les boutiques la vente d'étoffes avariées. C'est aussi quelquefois la porte dorée d'un cabinet, qui conduit à un grabat ou à un coffre-fort coffre-fort meublé de toiles d'araignées. Quoi qu'il en soit, ces moyens ont réussi, et réussissent encore à quelques-uns dans des états différens. Nous fuyons les emblêmes de la vérité : chacun, dit-on, spécule à sa manière; car tout est spéculation dans ce monde, jusqu'aux *discours*, au *regard* et à l'*habillement*. L'audace brille et en impose, tandis que le véritable talent modeste reste ignoré et gémit.

Croiroit-on qu'à Paris, les plus riches capitalistes faisant les plus grandes affaires de banque, prêts ou reviremens de fonds, *ne paient même pas de patentes*. Ces ambitieux de toutes les classes foulent aux pieds tous les droits de l'Etat ; ils sont connus pour recevoir journellement chez eux les courtiers et agens de change. Sur *toutes choses* ils jouent à la hausse et à la baisse; ils savent exister, rire sur des volcans, et faire retomber tous les malheurs et les charges *sur les autres*.

Ceux enfin qui ne peuvent *faire de grandes affaires*, faute de fonds suffisans, s'érigent en coureurs intermédiaires, sans caractère avoué, et sous le nom de MARONS ou hommes sans aveu. Parmi ces marons figurent aussi de *gros Capitalistes*, qui gagnent tout à tout faire par eux-mêmes, lorsque le plus souvent ils sont censés opérer pour d'autres.

La loi peut et doit réprimer ces abus et ces désordres, qui nuisent au bien général et à l'utilité de ceux qui ont un état avoué, et dont la moralité et la solvabilité sont surabondamment garanties par d'énormes cautionnemens.

C'est un grand malheur que ce goût ou plutôt cette rage de *faire des affaires*, qui domine à Paris depuis quelques années. Ne sait-on pas « qu'en tout, le trop » grand nombre nuit au nombre suffisant »; que les commerçans en petit nombre, uniquement occupés de leur état, sont d'autant plus considérés que les résultats de leurs opérations sont sûrs, satisfaisans et bien acquis.

Paris, par la facilité que les intrigans trouvent à faire des dupes et à se cacher, est devenu le réceptacle de tous les *faiseurs d'affaires*, qui ont pris le nom de Capitalistes : « c'est le pavillon qui couvre la marchandise. »

De cette multiplicité et variété effrayante d'affaires de toute espèce, et à origine révolutionnaire, Paris ne tire aucun avantage profitable à la masse, qui plutôt souffre et gémit du tort inouï que font ces intrigans aux ports de commerce, aux villes de fabrique, etc.

« Tout ce qui est fait sans calcul, ni mesure, ni » principe moral avant tout, ne réussit jamais qu'aux » fripons. »

Il y a long-temps que l'homme sage forme des vœux pour que Paris ne s'agrandisse plus. Il semble que dans cette grande ville chaque citoyen veuille être moralement et physiquement au-dessus de son état.

Il n'y a pas un marchand qui ne se dise un négociant, pas un négociant qui ne croie sottement s'élever en s'intitulant banquier.

« Tout marquis veut avoir des pages. »

Si au moins ce négociant prenait la patente proportionnelle, l'Etat y gagnerait quelque chose.

« Nul n'est content de sa fortune, ni mécontent
» de son esprit. »

Quand pourra-t-on trouver les moyens de mettre un impôt sur la vanité, l'égoïsme et l'ingratitude.

C'est commencer que de toucher aux CAPITALISTES.

RÉTABLISSEMENT

DES

MAITRISES ET JURANDES.

MAITRISE. — Qualité de maîtres. Il ne se dit que des métiers.

JURANDE. — Charge de juré d'un métier, et le temps durant lequel on exercera.

CORPORATION. — Mot francisé par l'usage, corps assemblé de jurés exprimé également par jurande.

C'est un préjugé révolutionnaire de croire que la multiplicité des grands établissemens soit une preuve de prospérité nationale.

Je conviens cependant que la concurrence peut produire une économie momentanée dans le prix des choses; mais je n'entends pas confondre la *concurrence* avec *l'émulation* ou rivalité. Ce sont deux puissans véhicules bien différens l'un de l'autre quant au principe, à la marche et au résultat. Le premier tient uniquement à l'envie *de gagner de l'argent*, tandis que le second appartient *aux plus nobles sentimens* de tous les âges et états.

La concurrence est calculée et dirigée par un amour-propre très-limité, et non avoué; l'émulation part d'un principe d'honorable ambition, et d'un désir hautement manifesté d'arriver à la perfection.

Jugez de ce que j'avance par les débuts les plus brillans de ces deux caractères, dont les résultats et conséquences sont tous différens.

Appelons donc bien les choses par leur nom; méprisons ce siècle passé de la dissimulation, et flattons-nous de *la possibilité d'une conversion. — Ce dernier point me mènerait trop loin en réflexions*, et je reviens à mon affaire, dont j'augure beaucoup mieux.

L'expérience a fait dire avec vérité à l'acheteur et au vendeur :

« Que rien ne ruinait, comme les bons marchés. »

La chose la plus importante, comme la plus insignifiante, a sa valeur et son prix relatifs.

Pour accorder avec impartialité une préférence officielle ou limitée avec explication motivée, il faut être bien habile, si l'on ne craint pas d'être contredit.

Les grands et petits établissemens, qui contribuent plus ou moins à la fortune des uns et aux jouissances des autres, finissent toujours, lorsque la mesure est au comble, par être déjoués dans les calculs les mieux combinés, en dépit de tout ce qu'ils peuvent inventer et employer pour varier les produits de leur industrie, et flatter les goûts et les fantaisies des consommateurs inconstans.

Pour que l'homme ait cœur et courage à faire valoir son état, métier ou ferme, et à ne point défigurer ses intentions et ses actions, il faut que cet état ou métier donne l'assurance de faire vivre honorablement celui qui s'y adonne tout entier volontairement, et quelquefois aussi par obligation ou par suite d'arrangement.

Pour rendre mes réflexions plus sensibles, je m'attacherai aux états proprement dits *métiers*, servant aux besoins et usages journaliers, et exigeant le moins de capacité et d'apprentissage.

Je pense donc que, pour rendre au véritable commerce marchand et à l'industrie toute sa considération, son utilité et ses avantages, il est urgent, dans l'intérêt du Gouvernement et des particuliers, de rétablir les *maîtrises* et *jurandes*, et de les soumettre, comme autrefois, au contrôle des vérificateurs et experts choisis par les corporations et salariés par elles, sauf les inspecteurs généraux au choix du Gouvernement. Depuis long-temps la rage ou manie des *essais, innovations, contrefaçons, imitations* et *perfectionnemens* a ruiné bien des gens en France, sans produire aucun avantage réel et de longue durée.

Combien d'hommes, *insignifians comme ouvriers*, feraient de *très-bons et utiles* laboureurs et soldats; et combien de soi-disant *maîtres* n'ont eux-mêmes qu'une notion tellement imparfaite de leur état, qu'ils sont en quelque sorte forcés pour vivre de tout dénaturer et frauder.

Voilà donc, sous tous les rapports, un grand mal qui peut être bien aisément et promptement réparé par le rétablissement, généralement désiré, des *maîtrises* et *jurandes*.

Ce seul et dernier motif de l'ignorance d'une partie des maîtres seroit *suffisant*, sans doute, pour décider le Gouvernement au rétablissement proposé des *maîtrises* et *jurandes*, s'il n'y trouvait en outre un avantage réel, celui d'une contribution bien volontaire, proposée par ceux-mêmes qui sont appelés à y participer; c'est-à-dire, les véritables *marchands*, *boutiquiers* et *maîtres ouvriers*, soumis aujourd'hui à des patentes qui ne remplissent qu'un *but* très-limité et incertain, tandis que l'autre embrasse une foule de considérations morales et utiles.

Les maîtrises ne devront pas cependant dispenser des patentes, mais on les fixera avec plus de justesse et de précision qu'elles ne le sont généralement aujourd'hui.

La maîtrise est un *droit perpétuel* que l'on achète. C'est un brevet, une fortune, que le titulaire est intéressé à conserver avec le degré de considération qui lui est attaché, pour assurer l'existence de sa famille, et établir un principe connu et une base réelle d'héritage à laisser.

Ce système ancien et perfectionné a prouvé, par une longue suite d'expériences, combien le Gouvernement et les particuliers avaient eu lieu d'en être satisfaits. Peut-on en effet désirer rien de plus, que de voir tout le *véritable commerce*, *marchands*, *maîtres*, *ouvriers et apprentifs*, unis et attachés au Gouvernement de *cœur*, d'*intention*, de *fortune* et d'*espérance*. Le succès reconnu assure l'union, et l'union fait la force. Il ne faut point ici assimiler le droit à la force ; aujourd'hui en France il faut dire : « La force » et la justice ne font qu'un ». Ces raisonnemens conduisent au bonheur du Souverain et de ses sujets. « L'un ne peut aller sans l'autre » , a déclaré franchement et solemnellement le vertueux Louis XVIII tant désiré.

Quoi qu'il en soit, il serait injuste et ridicule de prétendre qu'après une révolution aussi longue et aussi extraordinaire, après enfin une anarchie de vingt-quatre années qui a bouleversé tous les *états*, *conditions*, *professions*, *métiers*, et jusqu'aux *têtes* et aux *sentimens* naturels des hommes faibles, le Gouvernement des Bourbons, quelque sage, prévoyant et réservé qu'il soit, puisse subitement et à la fois tout rappeler et fixer au meilleur point de consistance et de bonheur pour tous. Le temps seul, ou l'expérience, *produit*, *instruit*, *corrige et consolide* tout.

Le rétablissement projeté des *maîtrises* et *jurandes*, d'abord sur une partie des arts et métiers autrefois soumis à ce régime, aura, je le répète, le triple et inappréciable avantage :

De *procurer* à l'Etat une contribution énorme, et insensible à la fois ;

De *rendre* à la circulation des *sommes considéra-bles*, aujourd'hui sans emploi, ni utilité, par leurs innombrables divisions et partages;

Et d'*éloigner* des grandes villes sur-tout, pour rendre à la culture et aux armes, une foule de soi-disant ouvriers, oisifs, ignorans, souvent dangereux, et qui sont constamment la désolation de leurs maîtres, sans autorité.

Avant d'établir le projet en chiffres de produit, donnons aux mots *état*, *profession* et *métier*, leur véritable acception. — Pour le but présent,

Etat et profession sont presque synonymes, sauf cette différence de langage reçue :

Avoir un état.

Exercer une profession d'un état quelconque.

Exercer un métier est la profession d'un état quelconque.

Exemple :

Le perruquier (barbier ou coëffeur) payoit anciennement le droit de maîtrise à *Paris*..... 3,000 fr.
Dans les *provinces*...... 600

Il y a aujourd'hui à Paris environ *trois mille* perruquiers, dont la grande majorité ne gagne pas de quoi subsister, puisqu'il est reconnu que douze cents perruquiers tenant *boutique* suffiraient; d'où il résulte que ces douze cents perruquiers, disposés à acheter du Gouvernement la *maîtrise* estimée, je suppose, 4000 fr.—produiraient ensemble. . . 4,800,000 fr.

Réduisez le droit de maîtrise à 3,000 fr.—et vous aurez. . . . . . . .3,600,000 fr.

Il n'est ici question que de *Paris* et des *perruquiers*.

Ce *droit de maîtrise* ne dispenserait pas, je le répète, de la patente proportionnelle, calculée sur le *loyer*, le *nombre de garçons* ouvriers, etc. Les *maîtrises* laissent aux titulaires le droit de vente de leurs charges, avec l'approbation des corporations consultées, et la faculté naturelle et usitée de taxer les apprentifs, etc.

A la suite de cet exposé de produit du seul *état de peruquier*, reportons nos calculs sur l'ensemble des nombreuses professions, appelées par les mêmes motifs à désirer et composer le rétablissement des *maîtrises*, et on se fera une idée de l'*immense produit* que le Gouvernement doit attendre de ce projet.

Pour déterminer d'une manière fixe et juste le *nombre des maîtrises* à établir pour les différentes professions dans chaque ville, un commissaire du Gouvernement devra faire la tournée générale du Royaume, et dans chaque ville et village s'entourer des renseignemens nécessaires, afin d'établir les calculs et les bases du rapport officiel qui devra en être la suite.

Il sera convenable de donner de grandes facilités de termes pour le paiement des *maîtrises*; c'est d'ailleurs un moyen sûr de rendre moins sensible le plus ou moins haut prix que le Gouvernement voudra y attacher.

Il n'est pas de tous les autres états comme de celui de *perruquier*.

Le public reconnaîtra bien vite l'avantage des corporations et l'utilité des commissaires experts pour le choix et débit des marchandises, nécessairement soumises à un contrôle de rigueur, pour *légitimer leur mise en œuvre ou vente*.

Supposons les chapeliers, cordonniers, etc.

L'impunité conduit à la démoralisation d'une grande partie des maîtres et ouvriers, et par suite à la détérioration des produits de l'industrie ; le présent projet obviera à tous les abus de ce genre, dont les consommateurs, sur-tout les moins fortunés, se plaignent, et avec raison, depuis long-temps.

Je crois devoir rappeler ici une circonstance malheureusement trop notoire, pour prouver matériellement la nécessité, le principe moral et le résultat productif des *maîtrises*.

On voit tous les jours le serviteur en condition, le domestique quelconque, employer ses économies à l'établissement d'une boutique ou débit, mercerie ou autre.

Bientot son petit avoir, soit par fait d'ignorance ou des circonstances, soit par inexpérience ou facilité de disponibilité, est absorbé par les frais, les petits crédits accordés, et la mévente provenant en partie de la multiplicité de ces petits établissemens, et du peu de soin et loyauté dans la composition et fabrication des articles qui remplissent sa boutique.

Ce malheureux boutiquier, ou détaillant, est cependant en quelque sorte obligé de continuer ; il compte sur la providence et il emprunte ! (Il n'est pas un débitant qui ne trouve crédit chez le marchand en gros, ou le manufacturier désireux de vendre, et de se défaire de mauvais articles.) Enfin au bout de quelques années il est ruiné ; il tombe en faillite et il fait tout perdre à ses créanciers. Alors il regrette en vain son premier état de domesticité, dont par mépris ou autre motif il a perdu les habitudes, et redouté les devoirs difficiles.

Il faut convenir que ces événemens très-fréquens n'auraient pas lieu, si les *maîtrises existaient*. Ces faillites prennent quelquefois, par suite de mauvais exemples ou conseils, un caractère de banqueroute ou mauvaise foi, chez l'homme même dont les premiers principes étaient irréprochables, car « le désir de gagner qui nuit et jour occupe, etc. »

On commence par être dupe, on finit par être fripon »

Il est donc bien temps d'arrêter les progrès d'une semblable démoralisation.

On ne doit pas considérer le rétablissement des *maîtrises* et *jurandes* comme un impôt direct ou indirect.

C'est en quelque sorte une charte-partie, ou un contrat entre le Gouvernement et les artisans et ouvriers de toute espèce, dans leur intérêt commun et celui des consommateurs.

Ici n'existe pas l'inconvénient grave d'un impôt somptuaire, ou d'une taxe sur une certaine partie de luxe désignée; impôt qu'il est bien difficile de déterminer et d'asseoir, pour ne pas nuire à tous les *arts* et *métiers*, dont l'existence et la faveur sont entièrement entre les mains du riche, tantôt sage ou prodigue, et le plus souvent inconstant, ombrageux et injuste.

FIN.

P. N. ROUGERON, Imprimeur de S. A. S. Mad. la Duchesse Douairière d'Orléans, rue de l'Hirondelle, N.º 22.

www.ingramcontent.com/pod-product-compliance
Lightning Source LLC
Chambersburg PA
CBHW060940050426
42453CB00009B/1099